LA

DYSPRAXIE

(trouble développemental de la coordination)

racontée aux enfants

Catalogage avant publication de Bibliothèque et Archives nationales du Québec et Bibliothèque et Archives Canada

Titre : La dyspraxie (trouble développemental de la coordination) racontée aux enfants / Karine Bouchard, Gabryel Bouchard ; illustrations, Jean Morin.

Noms : Bouchard, Karine, 1977- auteur. | Bouchard, Gabryel, 2007- auteur. | Morin, Jean, 1959- illustrateur.

Identifiants : Canadiana (livre imprimé) 20220004048 | Canadiana (livre numérique) 20220004056 | ISBN 9782897923600 | ISBN 9782897923617 (PDF) | ISBN 9782897923624 (EPUB)

Vedettes-matière : RVM : Dyspraxie—Ouvrages pour la jeunesse. | RVMGF : Albums documentaires.

Classification : LCC RC394.A75 B68 2022 | CDD j616.85/52—dc23

Direction littéraire et édition : Chloé Poitras

Révision : Geneviève Lagacé

Correction d'épreuves : Élaine Parisien

Illustrations : Jean Morin

Maquette de la couverture et graphisme intérieur : Ateliers Prêt-Presse

Dépôt légal
Bibliothèque et Archives Canada
Bibliothèque et Archives nationales du Québec
Bibliothèque nationale de France
2e trimestre 2022

Imprimé au Canada

Financé par le gouvernement du Canada | Canada

Gouvernement du Québec – Programme de crédit d'impôt pour l'édition de livres – Gestion SODEC.

Association nationale des éditeurs de livres

Membre de l'Association nationale des éditeurs de livres (ANEL)

KARINE et GABRYEL BOUCHARD
Illustrations par Jean Morin

LA DYSPRAXIE

(trouble développemental de la coordination) racontée aux enfants

ÉDITIONS DE MORTAGNE

Assis sur un banc, je regarde mes amis JOUER au soccer sur l'immense terrain du parc. Hugo, Sophia et Karim se font des passes, courent et glissent sur le sol en rigolant comme des fous.

— Allez, Sébastien ! me crie Sophia. Viens avec nous !

Je fais signe que non de la tête. Oh ! J'en ai envie, mais je suis très maladroit avec un ballon. J'ai peur de m'enfarger, de tomber et qu'on rie de moi. Je préfère donc les regarder.

— C'est l'heure de rentrer ! s'exclame tout à coup Hugo en consultant sa montre.

Tout le monde repart à vélo... sauf moi. Je réussis enfin à monter à bicyclette depuis peu de temps, mais je suis encore malhabile. Alors, je dissimule la vérité en disant à mes amis que j'aime mieux marcher.

Peut-être qu'un jour, je serai à l'aise de leur parler de mon trouble développemental de la coordination (TDC)...

Ce terme compliqué m'a été expliqué pour la première fois par une neuropédiatre, la docteure Tran. C'est une spécialiste du cerveau. Lorsque j'étais en première année, mes parents m'ont emmené la voir parce que j'avais des difficultés d'apprentissage. Ça m'a pris beaucoup plus de temps que mes amis pour apprendre à lacer mes souliers, à découper une feuille, à écrire mon nom, etc.

La docteure Tran a découvert que j'étais atteint d'un trouble développemental de la coordination, aussi appelé «dyspraxie».

— Comme écrire, par exemple ?

— Exact ! Ce geste, qui peut sembler banal, nécessite plusieurs actions simultanées : tenir le CRAYON correctement, le presser suffisamment, puis le déplacer pour former les lettres. Pour réussir à écrire, une personne ayant un TDC doit montrer le chemin du mouvement à son cerveau et le répéter à de nombreuses reprises pour que les connexions s'effectuent entre les petites toiles d'araignée. Cela demande davantage de temps et d'efforts. Comment te sens-tu, après une journée d'école, dis-moi ?

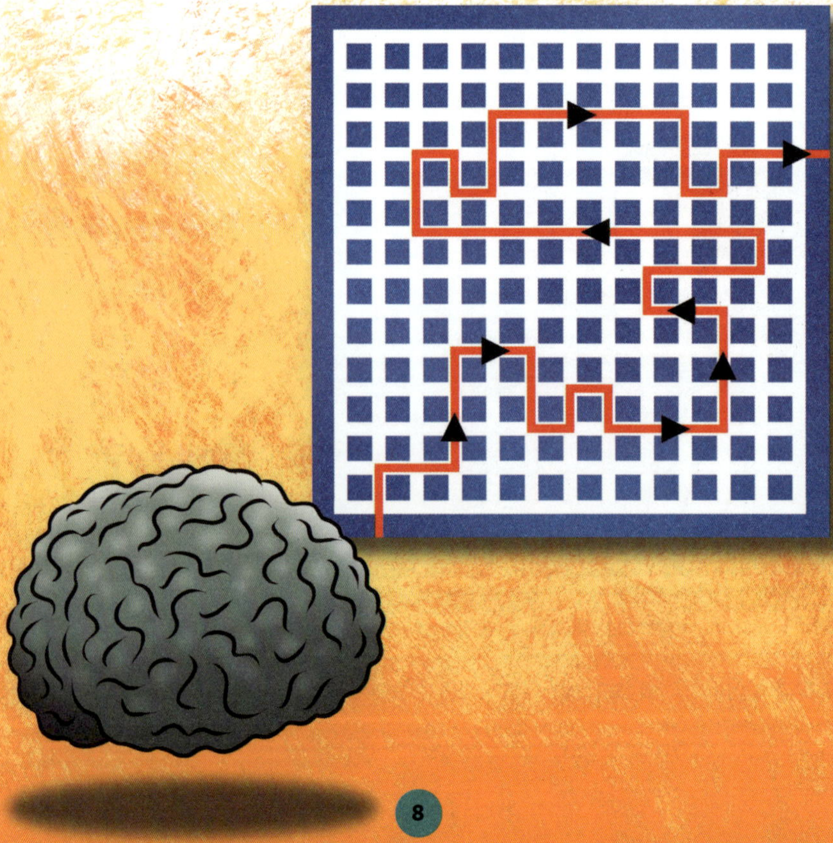

— Trèèèèèèèèès fatigué !

— Cet épuisement est provoqué par les EFFORTS supplémentaires que tu dois faire pour apprendre. Heureusement, grâce à l'accompagnement de différents spécialistes, tu trouveras des stratégies et des outils pour faciliter ton quotidien, tant à l'école qu'à la maison.

Après ce rendez-vous avec la docteure Tran, il y a deux ans, j'ai rencontré des intervenants du centre de réadaptation. Ils m'ont donné une foule de conseils et on a essayé ensemble des outils d'adaptation qui pourraient m'aider. Comme les souliers à velcros. Faire mes boucles me prenait un temps fou... Maintenant, je suis vraiment plus RAPIDE !

Souvent, les gens minimisent les besoins particuliers des personnes ayant un TDC, car ce handicap est INVISIBLE. Heureusement, madame Céline, ma professeure de troisième année, a été très proactive après avoir appris mon diagnostic. Elle a rapidement pris connaissance de mon plan d'intervention et mis en place des outils pour m'aider.

En français, lorsqu'on doit faire une compréhension de texte, elle s'assure de me donner les questions sur une deuxième feuille séparée. Les pages recto verso, pour moi, c'est une catastrophe !

— N'oublie pas que tu peux utiliser un CODE de couleur pour chaque question et aller surligner les réponses directement dans le texte, Sébastien, me rappelle parfois mon enseignante.

Grâce à cette façon de faire, j'écris beaucoup moins et, donc, je me fatigue moins.

En mathématiques, je prends du PAPIER quadrillé pour la résolution de problèmes. Ça me permet de mieux organiser mes colonnes de chiffres. Mes surligneurs ne sont jamais bien loin non plus !

Grâce à ces astuces, je réussis bien en classe. Mais il y a deux matières qui me posent des défis... l'éducation physique et les arts plastiques ! C'est très difficile pour moi de découper, de coller et de COLORIER sans dépasser. Quand je les place à côté de ceux de mes amis, je trouve mes bricolages moins beaux. Mon enseignante m'aide souvent en effectuant certaines tâches pour moi, comme le découpage, afin de diminuer ma charge de travail.

— Évite de te comparer aux autres, me conseille-t-elle. La perfection n'a pas sa place en arts, tu sais ! Regarde cette toile de Picasso... on devine un visage, mais il n'est pas parfaitement droit ni bien proportionné.

Elle a raison. L'image qu'elle me montre me fait sourire.

Aujourd'hui, en éducation physique, madame Sylvie me tend un ballon de basketball spécial. Wow !

Elle y a dessiné des repères visuels pour m'aider à bien positionner mes mains. C'est génial ! Je la remercie. Elle nous explique ensuite l'exercice.

En équipe de deux, on doit réussir le plus de paniers possible en dix minutes.

— Les gagnants pourront choisir l'activité du prochain cours privilège ! nous annonce-t-elle joyeusement.

Je suis avec Hugo, un des meilleurs de la classe. C'est stressant et je veux bien lancer. Je place avec attention mes DOIGTS sur les repères visuels lorsque mon coéquipier me crie :

— Vas-y, Sébas ! *GO*, sinon on va perdre !

Je sais qu'il veut simplement m'encourager, mais je me mets à trembler de nervosité. Je perds le contrôle du ballon et rate mon tir. **Zut!**

Hugo me jette un regard déçu avant de s'avancer pour lancer à son **TOUR**.

Finalement, nous perdons par deux paniers seulement contre une autre équipe.

Dans le vestiaire, mon ami vient me voir et me demande:

J'hésite quelques secondes avant de lui confier:

— C'est à cause de mon trouble développemental de la coordination…

— Ton quoi ?!

Je lui raconte dans mes mots ce que m'a expliqué la docteure Tran.

— Mon cerveau ne fonctionne pas comme le tien. Chaque mouvement me demande une très grande concentration et j'ai besoin de temps pour bien placer mes MAINS. Imaginons que nos cerveaux sont des voitures qui partent de Montréal pour aller à Québec. Eh bien, ton cerveau prendra l'autoroute, qui est le chemin le plus rapide et le plus direct, tandis que mon cerveau choisira les ROUTES de campagne. Je vais finir par me rendre à destination, mais ce sera plus long et j'aurai besoin de plus d'essence… euh… d'énergie !

— Et est-ce que ça se guérit ? me demande Hugo, l'air perplexe.

— **Non.** C'est un handicap qui me suivra toute ma vie.

— Oh ! Je suis désolé d'avoir été impatient avec toi, alors..., dit-il, visiblement penaud. Je m'excuse !

La cloche sonne et mon ami me salue de la main avant de sortir du vestiaire. Je me dépêche de me CHANGER, car ma mère vient me chercher pour m'amener à un rendez-vous au centre de réadaptation.

À notre arrivée, on nous apprend qu'une nouvelle physiothérapeute m'accompagnera pendant ma séance de natation.

— Bonjour, Sébastien ! Je m'appelle Catherine, se présente une femme aux longs cheveux bruns. Qu'est-ce que tu aimerais qu'on travaille, aujourd'hui ?

— J'aimerais être capable de nager sans flotteurs. J'en ai assez de faire rire de moi à la piscine municipale...

— Parfait ! On va décortiquer ensemble le mouvement de brasse et s'entraîner jusqu'à ce que tu veuilles arrêter.

Je la rejoins dans l'eau et, pendant une heure, je répète chaque geste au fur et à mesure qu'elle me les montre. J'ai l'habitude de travailler avec différents professionnels et, grâce à eux, j'accomplis d'énormes progrès.

J'aime beaucoup France, mon ergothérapeute. Je la consulte depuis que j'ai reçu mon diagnostic. Elle m'a appris une foule de choses, comme à me servir d'USTENSILES, d'une brosse à dents et de soie dentaire. En ce moment, je m'exerce avec elle à taper à l'ordinateur. J'ai hâte de bien maîtriser mon doigté, car je vais pouvoir l'utiliser en classe.

Quant à Nathalie, mon éducatrice spécialisée, elle m'a aidé à instaurer une routine du matin pour être plus autonome et éviter de m'épuiser avant d'aller à l'école. Je la rencontre justement demain soir pour qu'on discute de la gestion de mes **émotions**.

J'éprouve souvent de la **COLÈRE** par rapport à mon handicap. Si je suis plus lent que les autres, je me fâche. Si je suis incapable de faire quelque chose alors que mes amis y arrivent, je me fâche.

Nathalie m'avait donné un petit devoir : remplir chaque jour mon carnet d'émotions en notant les situations qui m'ont rendu en colère, fier, heureux, etc. J'ai hâte de lui montrer les efforts que j'ai faits !

— **WOW !** Tu utilises très bien ton carnet d'émotions, Sébastien, me félicite Nathalie au début de notre rencontre hebdomadaire. Cette semaine, je remarque plus d'émotions positives et de réussites que de colères.

— Il a aussi réussi à prendre son autobus à l'heure tous les matins en suivant la nouvelle routine que tu lui as suggérée, ajoute ma mère. Ç'a diminué mon stress et toute la maisonnée en a bénéficié. Je suis très fière de lui.

— Favoriser le développement de ton autonomie est un de mes principaux objectifs, répond l'éducatrice. Je suis contente de voir que ma routine fonctionne et qu'elle crée de l'harmonie au sein de ta famille. Plus tu constateras des résultats POSITIFS, plus tu accepteras de mettre en place mes outils d'adaptation !

Grâce à Nathalie, France et Catherine, j'ai pris confiance en moi et je ne laisse plus mon trouble développemental de la coordination m'empêcher de jouer avec mes AMIS. Oui, il m'arrive encore souvent d'être malhabile et de rater une passe, un panier ou un saut à la corde, mais Hugo, Sophia et Karim n'en font aucun cas et ils continuent de m'inviter à me joindre à eux.

J'ai beaucoup de chance d'avoir des amis et des enseignantes en or qui savent voir au-delà de mon handicap !

Même si chaque personne ayant un TDC est atteinte à un degré différent, peut-être que certains des énoncés qui suivent s'appliquent à toi. Repère les difficultés que tu rencontres et discutes-en avec tes parents. Un ou une professionnelle (ergothérapeute, pédiatre, neuropédiatre, neuropsychologue) pourra ensuite confirmer ou infirmer le diagnostic par une évaluation.

Motricité globale

La motricité globale englobe les grands mouvements du corps, comme sauter, courir, grimper, marcher.

- ☑ J'ai beaucoup de difficulté à pratiquer tous les sports. Faire du vélo ? Non merci, je préfère marcher !
- ☑ Mes amis ont appris à patiner bien avant moi et je peine à les suivre quand je me déplace sur deux lames.
- ☑ Je suis souvent le premier éliminé aux jeux de ballon, car j'ai les mains pleines de pouces quand vient le moment de l'attraper ou de le lancer !

Trucs et astuces

Les activités suivantes demandent une grande coordination: la bicyclette, la natation, le patin, le soccer, le baseball, la corde à sauter, le basketball, le badminton et le tennis. C'est donc normal qu'elles représentent un défi de taille pour toi.

Faire appel à des pros, comme des physiothérapeutes, t'aidera à pratiquer certains sports. Ils décortiqueront avec toi chaque mouvement. Tu verras rapidement de réels progrès!

Il existe des groupes sportifs réservés aux enfants vivant avec des troubles de la coordination. Ils te permettront d'apprendre à ton rythme.

Motricité fine

La motricité fine englobe tous les mouvements de précision effectués avec les mains et les doigts.

- ☑ Tenir un crayon me demande de la concentration, alors écrire m'en demande encore plus !
- ☑ Mon pouce dans le trou du haut, mon majeur dans celui du bas… J'ai pris plus de temps que mes camarades pour comprendre le fonctionnement des ciseaux. Découper est laborieux pour moi.
- ☑ Colorier sans dépasser les lignes est un défi, mais je ressens tellement de fierté quand j'y arrive !

☑ J'ai toujours préféré manger avec mes doigts. Les ustensiles sont trop compliqués à tenir !

☑ Pour éviter de me battre avec des lacets, je privilégie les souliers à velcros.

☑ Porter une chemise ? Pas question ! Il y a beaucoup trop de boutons !

☑ J'aimerais m'amuser avec des jeux de construction (Lego, Meccano), mais il y a trop de petits morceaux et je n'arrive pas à les assembler.

☑ En géométrie, j'ai besoin de plus de temps pour me servir d'une règle, d'un compas ou d'un rapporteur d'angle.

Trucs et astuces

Il est recommandé de décortiquer, de planifier et de coordonner tous les mouvements qui composent chaque apprentissage.

Exemple pour l'écriture :

- Visualise d'abord tous les petits muscles et tendons qui te permettent de bouger ta main.
- Positionne adéquatement tes doigts sur le crayon et utilise la force nécessaire pour bien le tenir.
- Place ton crayon au bon endroit sur la feuille, puis applique une pression suffisante pour tracer ton trait. Si la pression est trop forte, c'est possible que tu déchires ta feuille ou bien casses la mine de ton crayon.
- Enfin, rappelle-toi comment former la lettre que tu souhaites écrire.

Quatre étapes requièrent quatre fois plus d'attention et d'énergie qu'une seule… voilà pourquoi apprendre est épuisant pour une personne présentant un TDC.

À l'inverse, si le mouvement n'est pas exécuté régulièrement, ton cerveau risque d'oublier comment le décortiquer et tu pourrais avoir à recommencer le travail du début.

Il existe du matériel et des outils facilitant la manipulation de petits objets. Les ergothérapeutes pourront te conseiller et t'aider à devenir plus habile.

Le rôle de l'ergothérapeute est d'évaluer ton développement sur les plans moteur (motricité globale et fine), sensoriel et perceptuel. Son travail vise à favoriser ton autonomie et la réalisation de ton plein potentiel, en mettant en place des outils adaptés à l'accomplissement d'une tâche ou en modifiant ta façon de l'accomplir.

Le fait que ton TDC ralentit tes gestes est reconnu. En situation d'évaluation, tu devrais avoir droit à une période supplémentaire équivalant à un tiers du temps accordé à tes camarades de classe pour l'exécution de toute tâche manuelle.

L'accès à un ordinateur pour faire certains travaux écrits pourrait aussi diminuer ta fatigue.

Organisation

L'organisation, à la maison ou à l'école, représente un immense défi pour toi, car ton cerveau est incapable de recevoir plusieurs demandes en même temps. Ce n'est pas parce que ton intelligence est moindre ou que tu es lâche. C'est lié à ton TDC.

- ☑ Si on me donne une liste de tâches ou plusieurs consignes, je me concentre pour exécuter la première. J'oublie ensuite les suivantes.
- ☑ Faire mes devoirs, préparer mon lunch et mon sac d'école, ranger ma chambre, me laver, m'habiller... Planifier tout cela m'épuise!
- ☑ Ma chambre, mes tiroirs de commode et mon pupitre d'école sont désordonnés.

☑ J'oublie souvent mon agenda, mes devoirs ou le matériel nécessaire à la réussite de mes objectifs.

☑ «Une étape à la fois», voilà ce que je me dis lorsque je dois effectuer plusieurs choses.

☑ Mon père, ma mère ou mon enseignant(e) doivent souvent me répéter les consignes ou, mieux, m'en donner une seule à la fois.

☑ J'aime connaître à l'avance l'horaire de ma journée, afin de m'organiser le mieux possible. Tout changement de dernière minute me désorganise.

Trucs et astuces

Apprendre à t'organiser te permettra d'alléger ton quotidien et celui de ton entourage. Un(e) technicien(ne) en éducation spécialisée ou ergothérapeute peut t'aider à structurer ton environnement, ton temps et tes tâches. Vous mettrez en place des outils comme une liste des tâches à effectuer et des pictogrammes illustrant différentes routines.

Leur rôle est de trouver différents outils d'adaptation ciblés visant à développer ton autonomie, de même qu'à améliorer ton organisation et la gestion de tes émotions.

Tu peux aussi demander à tes parents ou à ton enseignant(e) de te donner une seule consigne à la fois. Ta bonne volonté leur fera plaisir… tant que tu agis à ta manière et en respectant tes limites!

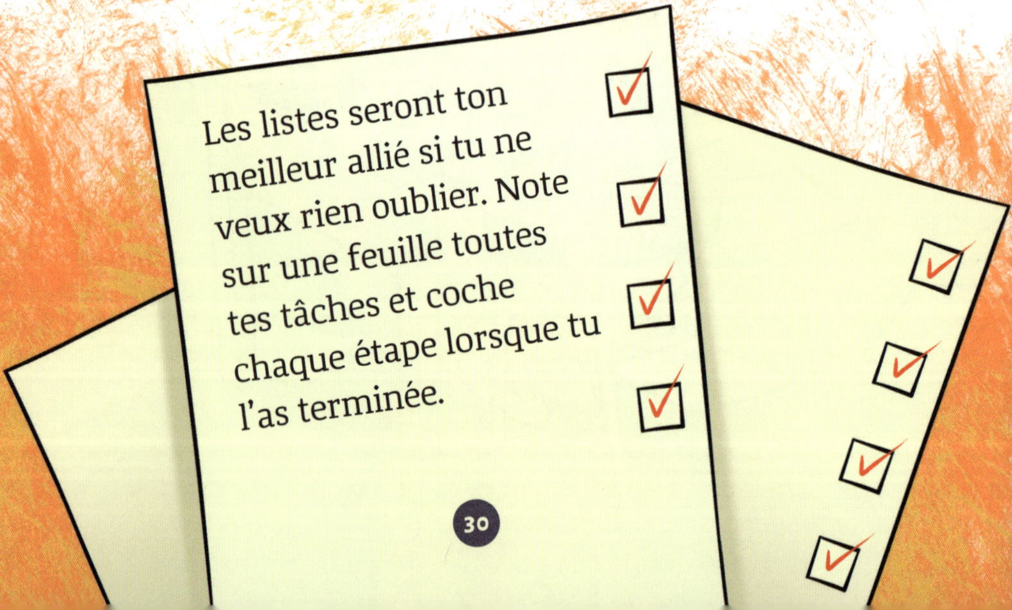

Surcharge cognitive et fatigue

À cause de ton trouble développemental de la coordination, ton cerveau éprouve de la difficulté à traiter le flux d'informations qu'il reçoit. Cela cause une surcharge et un épuisement.

- ☑ J'éprouve souvent une grande fatigue mentale et physique.
- ☑ J'ai parfois l'impression qu'il y a un tourbillon d'idées dans ma tête.

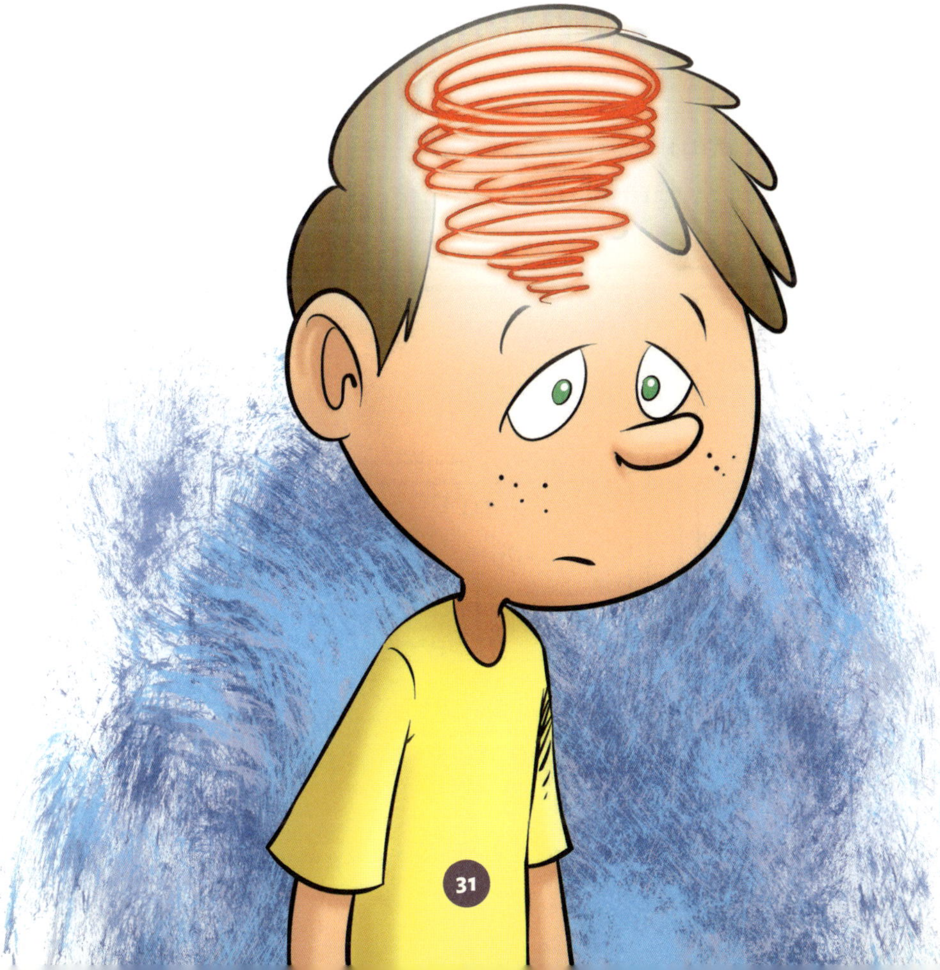

- ☑ Avant même de prendre l'autobus pour aller à l'école, je tombe d'épuisement et je voudrais retourner me coucher.
- ☑ En classe, ma fatigue entraîne un manque de concentration.
- ☑ Je me désintéresse de l'école, car je trouve ça trop ardu.
- ☑ Si j'ai le malheur de poser ma tête sur mon pupitre, je m'endors en classe.
- ☑ Je refuse parfois de participer à des activités super amusantes à cause de la fatigue.
- ☑ Les transports en voiture ou en autobus sont un puissant somnifère pour moi et je dors durant chaque trajet.

Trucs et astuces

Voici un exemple de ce que tu dois parfois faire simultanément en classe :

- écouter ton enseignant(e) qui parle en avant ;
- lire ce qui est écrit au tableau ;
- te concentrer pour tenir ton crayon ;
- positionner ton crayon afin de former des lettres, des mots et des phrases.

En diminuant ta tâche d'écriture dans une journée, on diminuera aussi ta fatigue, augmentant du même coup ta capacité d'apprentissage.

Perception visuospatiale

Le trouble développemental de la coordination peut affecter le mouvement de tes yeux et, par le fait même, ta façon de percevoir ce qui t'entoure. Tu as donc de la difficulté à fixer des objets, à maîtriser ton regard et à lire une ligne de gauche à droite.

- ☑ Transcrire ce qui est écrit au tableau dans mon agenda ou sur une feuille est vraiment difficile pour moi.
- ☑ Parfois, je tends la main pour m'emparer d'un objet, mais mes doigts se referment sur le vide. Oups !
- ☑ Je confonds souvent ma droite et ma gauche.

- ☑ Les informations que je lis, au tableau ou sur une feuille, se mélangent dans mon cerveau.
- ☑ Il m'arrive d'oublier un détail que je viens tout juste de lire.
- ☑ J'éprouve des difficultés en compréhension de texte.
- ☑ Je perds le fil de ma lecture quand il y a trop d'informations.
- ☑ Je me trompe dans mes colonnes de chiffres, en mathématiques.
- ☑ Mon débit de lecture n'est pas très fluide.

Trucs et astuces

Tes troubles d'apprentissage peuvent être liés à ton incapacité de bien traiter et d'analyser l'information. Rencontrer un(e) optométriste ou un(e) ergothérapeute peut donc s'avérer nécessaire afin d'évaluer ta vision fonctionnelle et d'entamer une rééducation. En les consultant, tu apprendras une foule d'exercices pour améliorer tes habiletés visuelles.

À noter que les optométristes spécialistes de la dyspraxie visuospatiale sont assez rares, malgré des besoins grandissants.

AUTO-OBSERVATION

En collaboration avec un(e) ergothérapeute, un(e) orthopédagogue peut faciliter tes apprentissages en adaptant ton matériel scolaire. Voici quelques adaptations possibles :

- grossir les caractères des documents que tu dois lire ;
- imprimer tes travaux sur le recto des feuilles seulement ;
- introduire une règle de lecture ;
- te permettre l'utilisation d'un ordinateur en classe.

POUR LES PARENTS

DYSPRAXIE

Le trouble développemental de la coordination (TDC), anciennement appelé «dyspraxie», affecte la planification et la coordination des actions dans plusieurs sphères du développement de l'enfant. Il touche environ 6% de la population juvénile. Les pédiatres, neuropédiatres ou neuropsychologues peuvent poser un diagnostic de TDC. Ces spécialistes travaillent en collaboration avec des ergothérapeutes, qui font une évaluation plus précise de la sévérité du trouble et des atteintes sur les plans moteur, visuospatial et organisationnel, tandis que les orthophonistes prennent en charge les atteintes sur le plan langagier.

POUR LES PARENTS

En 1994, dans le *DSM-IV* (*Manuel diagnostique et statistique des troubles mentaux*) apparaît le terme «trouble de l'acquisition de la coordination» (TAC). En 2013, dans le *DSM-5*, on privilégie «trouble développemental de la coordination» (TDC). Pourtant, «dyspraxie» a été un des premiers termes utilisés par les intervenant(e)s, les enseignant(e)s et les parents pour le désigner, tant au Québec qu'en Europe.

Sachez qu'aujourd'hui, les spécialistes et les intervenant(e)s s'entendent pour employer uniquement le terme «trouble développemental de la coordination».

POUR LES PARENTS

La surcharge cognitive

Les enfants ayant un TDC se retrouvent souvent en situation de surcharge cognitive. Cette dernière est causée par les multiples informations que doit traiter leur cerveau de manière simultanée durant leur journée.

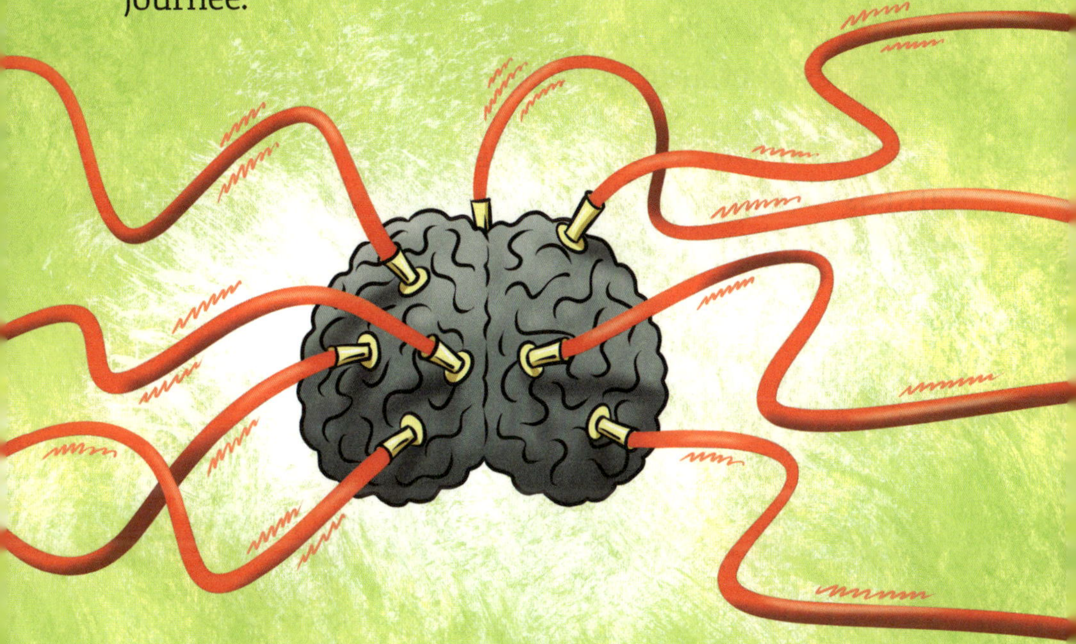

La surcharge cognitive génère une énorme fatigue et diminue la capacité d'apprentissage. Elle provoque aussi un manque de concentration, ce qui peut parfois entraîner (faussement) un diagnostic de trouble du déficit de l'attention (TDA). Le simple fait d'éliminer les doubles tâches cognitives (comme l'écriture) améliorera grandement le quotidien de votre enfant.

Quand demander une évaluation pour votre enfant

Dès la petite enfance, on peut observer plusieurs comportements communs aux enfants présentant un TDC. Cependant, il est important de garder en tête que :

- La sévérité de l'atteinte variera pour chaque enfant.
- Tous les comportements de la liste ne seront pas nécessairement présents.

Liste non exhaustive des comportements typiquement associés au trouble développemental de la coordination :

- ☑ Bébé, l'enfant s'étouffait souvent lors des boires.

- ☑ Bébé, l'enfant bavait beaucoup et semblait incapable de gérer sa salive.
- ☑ L'enfant a mis beaucoup de temps avant d'apprendre à marcher à quatre pattes ou a commencé par se déplacer sur les fesses avant d'apprendre à marcher debout (sans jamais passer par l'étape des quatre pattes).

POUR LES PARENTS

☑ L'enfant a commencé à marcher après l'âge de dix-huit mois.

☑ L'enfant a de la difficulté à manger des aliments solides lors de l'apprentissage de l'alimentation.

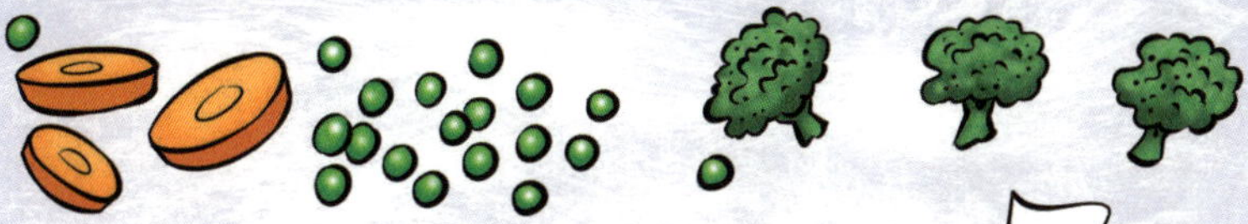

☑ L'enfant a de la difficulté à se moucher.

☑ L'enfant a de la difficulté à boire avec une paille.

☑ L'enfant a de la difficulté à utiliser des ustensiles.

☑ Même à un âge plus avancé, l'enfant ne mange pas proprement (échappe beaucoup de nourriture, salit souvent ses vêtements).

POUR LES PARENTS

☑ L'enfant est peu ou pas autonome lorsque vient le temps de s'habiller (ou de se déshabiller) et a besoin d'accompagnement pour y arriver. La procédure logique pour se vêtir lui semble difficile à saisir. Ses sous-vêtements peuvent donc être enfilés par-dessus son pantalon

☑ L'enfant a appris difficilement à utiliser la fermeture éclair et les boutons sur ses vêtements.

☑ L'enfant a appris à courir difficilement; ses mouvements manquent de fluidité.

☑ L'enfant a de la difficulté à monter ou à descendre des escaliers; ses pieds n'alternent pas, l'enfant s'appuie sur les murs ou tient fermement la rampe.

POUR LES PARENTS

☑ Son surnom est Gaston Lagaffe, à cause des objets échappés ou renversés ou de ses nombreuses chutes.

☑ Son apprentissage des sports (bicyclette, nage, patin, etc.) a été plus long que celui de la majorité des enfants du même âge.

☑ Après plusieurs tentatives pour lui apprendre à attacher ses souliers, vous avez fait le choix d'utiliser des souliers à velcros.

☑ L'enfant mélange toujours sa droite et sa gauche.

POUR LES PARENTS

Si plusieurs des éléments de cette liste s'appliquent à votre enfant, il serait important d'en faire part à votre médecin de famille afin qu'une demande d'évaluation en ergothérapie, en pédiatrie, en neuropédiatrie ou en neuropsychologie soit déposée. N'hésitez pas à poser des questions sur les délais d'attente et les services offerts en déficience physique dans votre région. Au besoin, tournez-vous vers les hôpitaux des grands centres (Montréal, Québec, Sherbrooke).

Il est également possible de procéder à toutes ces évaluations en passant par le réseau de santé privé. Les délais d'attente seront plus courts, mais les coûts, importants. Si vous avez des assurances, prenez le temps de vous informer du pourcentage des frais qui sera couvert.

Depuis 2003, le ministère de la Santé et des Services sociaux a reconnu le TDC comme un handicap physique. Pourtant, puisqu'il n'est pas aussi visible que d'autres handicaps (qui nécessiteraient un fauteuil roulant, par exemple), on exige des enfants ayant un

TDC le même niveau de performance que les enfants au développement typique, malgré leurs limites. Le TDC entre donc dans la catégorie des nombreux handicaps invisibles pour lesquels il est plus difficile de faire reconnaître les droits de l'enfant atteint(e).

L'Office des personnes handicapées du Québec est là pour vous aider à faire reconnaître ces droits, afin que votre enfant bénéficie de services et d'outils d'adaptation qui favoriseront son développement et faciliteront son cheminement scolaire. Un(e) enfant dont le TDC n'est pas reconnu compensera sans arrêt son handicap, ce qui l'épuisera. Son estime de soi et sa confiance en ses capacités s'en trouveront également diminuées.

Une fois la situation de handicap reconnue, si votre enfant est d'âge scolaire, il est primordial d'informer rapidement la direction de l'école, ainsi que son enseignant(e). Le milieu scolaire s'adaptera et lui fournira un plan d'intervention et des outils d'adaptation.

POUR LES PARENTS

Difficultés rencontrées lors du parcours scolaire et outils d'adaptation

Dès le début de sa scolarité, votre enfant pourrait ressentir du découragement devant l'ampleur de la tâche qu'on exige de lui. L'implantation rapide de certaines mesures et d'outils contribuera à lui éviter ce sentiment.

Les apprentissages qui suivent pourraient être laborieux pour votre enfant, puisqu'ils demandent d'effectuer plusieurs gestes simultanément : qui dit «simultanément» dit «double tâche cognitive».

Notez bien qu'en période d'évaluation, pour chacune des situations, votre enfant devrait avoir droit à une période supplémentaire équivalant à un tiers du temps alloué à ses camarades de classe, car sa lenteur dans l'exécution des tâches manuelles est directement liée à son TDC.

POUR LES PARENTS

Écriture

Si l'enfant ne parvient pas à tenir correctement son crayon et à former adéquatement les lettres malgré ses efforts soutenus, l'intervention d'un(e) ergothérapeute sera nécessaire. Il existe des crayons spécialisés et des exercices visant à améliorer la motricité fine et la préhension.

Il peut également être aidant de commencer l'apprentissage de l'écriture à l'ordinateur ou sur une tablette. Ces outils technologiques permettront de freiner la surcharge cognitive.

Lecture

Un outil de repérage appelé « règle de lecture » sert à montrer que la lecture doit se faire de gauche à droite et aide à se situer sur la page. Encouragez son utilisation dès le début de l'apprentissage afin que votre enfant prenne de bonnes habitudes. Aérez le plus possible les documents et grossissez les caractères au besoin.

Compréhension de texte

Repérer des informations précises dans un long texte, puis les rapporter par écrit dans un questionnaire est une tâche ardue pour une personne ayant un TDC.

Pour diminuer l'ampleur de la tâche, l'enfant peut fonctionner par étapes :

- Lire la première question et lui attribuer une couleur (le rose, par exemple).
- Aller surligner la réponse à la première question en rose dans le texte.

Cela facilitera le repérage dans le texte et lui évitera de retranscrire l'information à la main.

POUR LES PARENTS

Mathématiques

Votre enfant pourrait éprouver de la difficulté à aligner les colonnes de chiffres qui servent à différencier les centaines, les dizaines et les unités.

L'utilisation de papier quadrillé est essentielle à la réussite de ses calculs.

Dans le cas d'une résolution de problème, permettez à l'enfant de surligner les informations importantes afin d'en faciliter le repérage.

Exemple:
Mélanie a 12 poires, Sophie a 8 bananes, Serge a 15 carottes et Michel a 18 pommes de terre.

Consigne: donne le total des fruits et le total des légumes.

POUR LES PARENTS

Méthode adaptée :

- L'enfant pourra surligner les fruits en bleu et les légumes en rose.
- Divisez une feuille quadrillée en deux colonnes, une rose et une bleue. L'enfant ira y noter les nombres correspondant à chaque couleur et pourra ensuite les additionner.

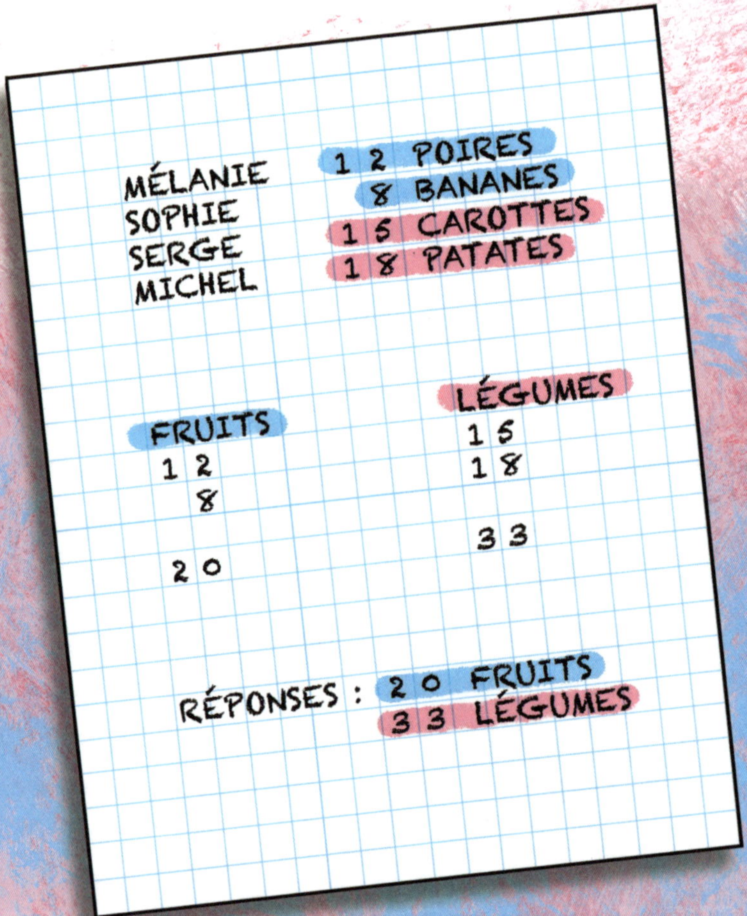

Géométrie

La manipulation des divers outils de géométrie représente un autre défi sur le plan de la motricité fine.

Une règle présentant uniquement les centimètres évitera à votre enfant de les confondre avec les pouces. Favorisez également un modèle opaque et facile à tenir.

Un rapporteur d'angle de grand format se manipulera plus aisément et simplifiera la lecture des angles.

Il existe un modèle de compas qu'on tient à plat sur la feuille (appelé « thaMographe ») et qui se prend et se manipule plus facilement. Le doigt d'une main maintient le centre en place, tandis qu'un doigt de l'autre main tourne autour avec le crayon.

Découpage

Son enseignant(e) peut prédécouper le matériel afin de prévenir la surcharge cognitive. L'ergothérapeute peut aussi vous proposer une paire de ciseaux adaptés et des exercices visant à améliorer la dextérité.

Collage

Il existe des bâtons de colle colorée qui lui permettront de voir où la colle a été appliquée, ce qui facilitera sa tâche.

Coloriage

L'enfant ayant un TDC aura souvent de la difficulté à colorier à l'intérieur des lignes d'un dessin. Il faut l'encourager à faire de son mieux, mais aussi sensibiliser son enseignant(e) afin que l'évaluation porte sur l'effort fourni et non sur le résultat. Il est possible de simplifier la tâche de l'enfant en lui demandant de colorier seulement certaines parties du dessin.

Pour faciliter le repérage, on peut aussi épaissir les contours du dessin avec un crayon à pointe large.

Éducation physique

Faites valoir auprès de l'enseignant(e) d'éducation physique l'importance de décortiquer chaque geste en plusieurs petits mouvements. La réussite de votre enfant sera ainsi favorisée, préservant son estime de soi et sa confiance.

Par exemple, si les élèves ont à courir dans un parcours constitué de cônes, l'enseignant(e) peut marquer sur le plancher l'endroit où votre enfant doit poser ses pieds : un point rouge pour le pied droit et un point vert pour le pied gauche. Ces couleurs seront ensuite collées sur le soulier correspondant. Une fois encore, une évaluation axée sur les efforts fournis et non la réussite est à privilégier.

POUR LES PARENTS

Arts plastiques

Tout projet d'arts est exigeant sur le plan de la motricité fine. Afin d'éviter de mettre l'enfant présentant un TDC face à ses limites, l'enseignant(e) peut décortiquer les différentes étapes de chaque projet et préparer un modèle que l'élève pourra garder sur son bureau afin de s'y référer en tout temps. Placer le modèle à l'avant de la classe ou au tableau augmente le degré de difficulté inutilement. Une fois encore, une évaluation axée sur les efforts fournis et non la réussite est à privilégier.

Musique

Lire une partition et jouer d'un instrument simultanément représente un défi de taille pour un enfant ayant un TDC. Un code de couleur associé à chaque note l'aidera à bien les distinguer.

Il existe bien entendu d'autres difficultés qui ne sont pas recensées ci-dessus. C'est pour cette raison qu'il est important de vous entourer d'une équipe de spécialistes à laquelle vous pourrez vous référer en cas de besoin.

RESSOURCES UTILES

Office des personnes handicapées du Québec

Le personnel est formé pour vous apporter du soutien et vous accompagner afin que vous fassiez respecter les droits de votre enfant. L'Office est une mine d'informations sur les programmes gouvernementaux (au provincial seulement) dont vous pouvez bénéficier, tant sur le plan de l'aide financière que sur celui des services.
www.ophq.gouv.qc.ca

Dagobert et Cie

Organisme communautaire se situant en Estrie qui offre un soutien aux personnes vivant avec un trouble développemental de la coordination et à leurs proches aidants.
www.dagobertetcie.ca

SOS Dyspraxie

Site créé par deux Québécois, dont une ergothérapeute, recelant une foule d'informations à propos du TDC, de même que des outils d'adaptation.
www.sosdyspraxie.com

Retraite Québec

Pour en savoir plus à propos du supplément pour enfant handicapé du Régime de rentes du Québec.

www.rrq.gouv.qc.ca/fr/programmes/soutien_enfants/supplement/Pages/supplement.aspx

L'Agence du revenu du Canada

Pour en savoir plus à propos de la prestation pour enfants handicapés.
www.cra-arc.gc.ca

CanChild

Centre de recherche canadien sur la dyspraxie/le TAC (TDC) hébergé par la School of Rehabilitation Science de l'Université McMaster, à Hamilton en Ontario. Les efforts de recherche de CanChild se concentrent sur les enfants et les jeunes en situation de handicap et leurs familles. Une section du site propose même des outils pour sensibiliser le

milieu scolaire aux besoins des enfants vivant avec un TDC.
www.canchild.ca/fr

Cartable Fantastique

Site Web créé par une association française qui propose de multiples outils d'adaptation, concrets et faciles à utiliser, pour aider à l'insertion scolaire des enfants dyspraxiques (TDC).
www.cartablefantastique.fr

Portail de répit pour familles où vit une personne handicapée

www.portailrepit.com/fr/accueil

Dyspraxique Mais Fantastique

Association française offrant des informations, des pistes d'aide et de multiples ressources aux parents.
www.dyspraxie.info

Dyspraxie France Dys

Association créée en 2011 ayant pour objectifs la reconnaissance de la dyspraxie et l'accompagnement des familles vers les ressources appropriées.
www.dyspraxies.fr

REMERCIEMENTS

Nous tenons sincèrement à remercier les personnes qui nous ont supportées dans l'écriture de notre livre.

Dans un premier temps, merci à Nancy Bouchard pour son écoute et sa patience à travers toutes les péripéties et les émotions que l'écriture de ce livre nous a fait vivre. Merci à Lauryjane et Édouard de vous être occupé de votre petit frère quand on se consacrait à l'écriture de notre livre ou bien à ses corrections. Merci à notre beau Nykolas, ton accompagnement nous permet chaque jour de faire de nouveaux apprentissages afin de t'aider à développer tout ton potentiel. Merci à Isabelle Rémi, la première à avoir lu notre manuscrit.

Un merci tout spécial à France Fortier d'avoir accepté de nous accompagner à travers l'élaboration de notre livre et de nous avoir partagé avec générosité sa très grande expertise.

Merci aux Éditions de Mortagne pour leur confiance. Merci à Sylvie Rouillier pour son écoute et pour avoir cru en nous.

Encore une fois, merci à Chloé Poitras, notre éditrice, pour sa touche magique qui fait toute la différence.

Des mêmes auteurs

Dans la même collection

Dans la même collection

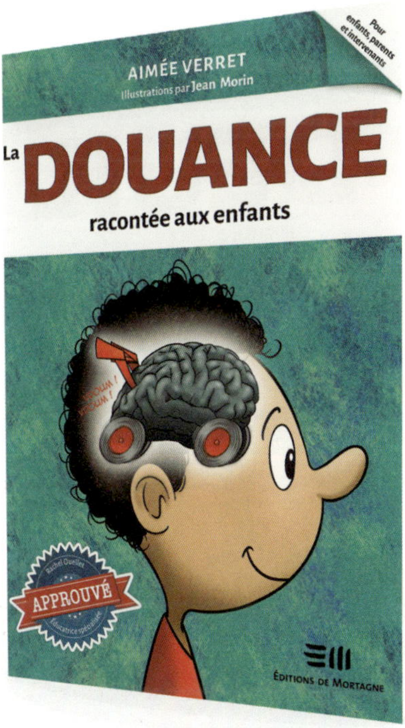

Dans la même collection

Dans la même collection

Achevé d'imprimer
sur les presses de
Imprimerie H.L.N.
Imprimé au Canada - Printed in Canada